Herzensweisheiten eines Erdenengels

Oktober 2016

„Heart Wisdom of an Earthangel"

2017 / 2018

NEUE LIEBE

Die neue Liebe oder doch das Alte neu belebt?

Wenn sich Alles um das Neue verliebt sein dreht ...

Es gibt so eine Redewendung dass wenn du mit dir selbst im Reinen bist, dann ist es egal, mit wem du zusammen bist.

Dann spielt es keine Rolle mehr, was dir dein Gegenüber spiegelt, denn du bist mit dir klar.

Du bist mit dir im reinem!

Spüre mal in dich ganz tief rein und nimm dir diese Zeit der Selbst-Erkenntnis.

Was heißt das mit sich im reinem sein?

Wenn ich gut drauf bin, dann sind Alle anderen auch gut drauf oder zumindest juckt es mich nicht, wenn der ein oder andere anders drauf ist als ich es gerade in diesem Zustand bin.

Dann nehme ich nicht Alles zu persönlich und es geht mir nicht gleich an die sogenannten Nieren oder schlägt mir gar ganz arg auf den Magen.

Wenn Alles eine Reflektion ist bzw. mein Zustand zu mir zurück gespiegelt wird und sich auf mich und mein Umfeld in einer bestimmten Art und Weise auswirkt bzw. sich in eine gute oder schlechte oder nicht so gute Stimmung oder in eine angenehme Stimmung auswirkt, dann bin ich in meinem Tun ganz schön mächtig.

Ein Magier, der es versteht mit den Elementen - den Energien in einer ausgewogenen Schwingung umzugehen.

Tarot #1 und #14

Dann habe ich erkannt und die Dinge selbst in der Hand um einen guten Zustand mit mir und anderen zu erreichen.

Dann bin ich ein wahrer König

Tarot #4 Herrscher

Jetzt komme ich zum eigentlichen Thema der Liebe und dem verliebt sein zurück.

Gerade in langfristigen Partnerschaften ist oftmals ein Punkt erreicht, wo sich die Dinge in eine Sackgasse bzw. zu einem toten Punkt ent-wickeln.

Man kennt sich gut!?

Mann kennt sich gut bzw. „Mann" kennt „Frau" so gut und Frau kennt sich und Mann sooooo gut, dass man es sprichwörtlich nicht mehr miteinander aushält.

!!???

Warum ist das oftmals so oder ist es oftmals so, weil durch die oben genannte angesprochene Reflektion und Spiegelung man es sich, es mit sich nicht mehr aushält oder einfach weil es

Zeit für Neues und automatisch dadurch eine Plattform an neuer Spielwiese gewonnen wird?

Zumindest für den ersten Moment!?

Am Anfang ist ja Alles toll und vor allem NEU.

Endlich wieder Spaß haben und mit einem liebevollen Menschen Spaß haben und wieder lachen können. Fröhlich und lustig sein und das Leben aus vollen Zügen genießen.

Mit diesen neuen Menschen scheint das wieder möglich zu sein!?

Aber warum ist das so???

Eine sehr gute Frage.

Ist man mit dem Alten überdrüssig geworden oder sogar mit sich selbst im Alten überdrüssig.

Wie ein Pullover, der einen viele Jahre im Kleiderschrank begleitet hat und am Körper wohlfühlend - wollig warm und komfortabel gedient und seinen Dienst geleistet hat.

Und Jetzt!?

Was hat sich verändert oder wie haben wir uns verändert.

Haben wir uns weiterentwickelt oder der andere so sehr, das es nicht mehr passt.

Oftmals auch so mit dem eigenen Aussehen, dass sich über die Jahre verändert und durch Erfahrungen und das Leben an sich man sich verändert und im besten Fall weiter-ent-wickelt hat.

Ja Ja, früher wog ich auch mal 56 kg. und jetzt sind es XX, na ja lassen wir das ;-)

Veränderung findet fast täglich statt und gerade in der heutigen Zeit sind wir durch viele Reize und Einflüsse (Überfluss) oftmals an unseren Grenzen angelangt und dann auch noch eine ***gute und intensive Partnerschaft*** und ***Familie leben*** eine schon ***ganz große Herausforderung*** finde ich, zumal wir ja egal ob nun Mann oder Frau gleichermaßen im Beruflichen - Privaten und in der eigenen Weiter - Ent - Wicklung extrem herausgefordert werden und dies auch immer mehr im fortschreitenden Alter spüren - nicht nur im Außen durch graue Haare oder durch die im besten Fall gezeichneten Lachfalten im Gesicht.

Nein, auch im Inneren fühlen wir uns an unseren Grenzen angelangt. Wir werden Älter und der Hintern wird .... kälter. Die Knochen tun weh und wenn wir mal ne Nacht durch gezockt haben sind wir nicht gleich am nächsten Tag wieder fit.

Meistens benötigen wir mehr als einen Tag ... zwei oder doch drei Tage, je nach Dauer der Anforderungen der Nacht ;-)

Wir werden einfach zeitgemäß älter und gemütlicher …

Jetzt ist die Frage, wo hin gehend sich die Bestandteile der Partnerschaft sich verändert haben und warum der Punkt dann oftmals doch überraschend kommt. Oder sich über die Jahre ran geschlichen hat und sich dann durch Krankheit des Partners oder durch Erschöpfung im eigenen Befinden deutlich aufzeigt.

Was haben wir hier übersehen oder warum haben wir es in diesem Moment oder einen anderen Moment nicht gemerkt oder sogar aufgegriffen - angesprochen und verändert.

Warum haben wir so lange gewartet
oder der ein oder andere dies aus
ganzem Herzen und oder aus dem
Verstand heraus ignoriert!???

Ich weiß ganz sicher nur eins, dass
wenn man dann an diesem Punkt
angelangt ist und es endlich selbst
merkt bzw. der andere durch Reaktion
(Wut - Trauer) oder durch Aktion
(Trotz - Fremdgehen - Einen anderen
Treffen - sich neu verlieben) darauf
aufmerksam macht, dies noch nicht
das *ENDE* der Fahnenstange /
Partnerschaft zwingend sein muss.

Das kann auch die *Chance* für eine
Neu-Entwicklung darbieten, wenn sich
beide für eine tiefere Kommunikation
bereit erklären und vor allem zulassen -
geschehen lassen und die Dinge (bereit
sind) durch eine andere Perspektive -
Veranschauung - Blickwinkel
anzusehen.

Tarot#12 Der Gehängte

Einfach auch mal das Gesagte stehen lassen und nicht nur kurzfristig einverleibt, sondern verstehen lernen .... lernen neue Wege eventuell auch miteinander zu beschreiben, auch wenn es nur für diesen Moment ist oder sich dadurch eine andere Art von

Partnerschaft / Freundschaft

Oder ...

Auf ein bzw. *einem neuen besseren Miteinander entstehen und kreieren kann.*

*Auf jeden Fall eine lohnenswerte
Möglichkeit der neuen Ent-faltung!*

Und wenn dann der Entschluss bzw.
der Abschluss kommt, kann man
gewiss und reinem Gewissen sagen,
dass man sich zusammen **weiterentwickelt** hat auch wenn es heißt, dass

Beide sich auf neue Pfade unabhängig voneinander in Zukunft bewegen.

Eine neue Freundschaft wurde gewonnen und jeder hat sein SEIN im besten Fall aufgearbeitet oder zumindest so daran gekratzt, dass er nun Ober-Fläche für Fläche / Schicht für Schicht für sich lüften - anschauen und heilen kann.

Aktion und Reaktion!

Natürlich bietet eine neue Liebe viel **NEUES** und **AUFREGENDES** und auch viel **Spiel-Raum,** um sich wieder aufs Neue selbst zu entdecken und mit dem Gegenüber ein *NEU / WIR / Miteinander zu kreieren*!

Es bleibt wie immer spannend und wenn wir uns nicht ab und an mal auf neue Wege begeben, kann auch nichts NEUES entstehen, auch wenn das Alte - Gewohntes natürlich auch viel Sicherheit und Ge-Lassen-Heit darbietet und sehr angenehm aber auch wohlwissend das Gewohnte immer gleich bleibende in / mit Sicherheit bietet!

Die Mischung macht es aus und Aller Anfang, am besten bei sich, wäre immer der Erste und beste Rat.

Nur bei dir, liegt der Schatz begraben und möchte an Potential und Möglichkeiten geweckt werden und Du trägst immer zuerst für Dich die ***Verantwortung für Dich und dein Tun*** auch wenn DU ***nichts tust!!!***

Also, wenn dann schon die **NEUE - LIEBE** dann erst mal an sich arbeiten und Altes abschließen, damit der Rucksack neu befüllt werden kann und ein guter In-Put auch wirklich möglich ist.

Nur so kann *Neues / Gutes* entstehen und sich auch gut formatieren.

Dann ist neues WACHSTUM aus den voraus gegangen Erfahrungen möglich und das Gegenüber bietet nun die wundervolle Möglichkeit sich im miteinander neu und auch durch die vielen Erfahrungen (gut wie schlecht - Ying wie Yang) nicht nur neu sondern ggf. auch auf wundervolle neue Abenteuer - Lust und Liebe abzurunden. Ein Bund fürs weitere Leben!

Ansonsten wird der mitgebrachte Rucksack schwerer und schwerer und erdrückt einen auf Dauer und das zuerst *NEUE / TOLLE / SCHÖNE* verliert seinen Glanz sicherlich ganz schnell.

Was bleibt, ist

"Scherben über Scherben"

und manches davon lässt sich dann auch nicht mehr unbedingt so einfach kitten, wenn überhaupt.

Erst aufräumen und dann das Neue

die

"Ampel auf Grün"

für einen guten

"NeuStart"!

In diesem Sinne ... bleibt dran!

Der Fuchs als Krafttier!

Der schlaue Fuchs will dir folgendes mitteilen:

Wenn der Fuchs sich in dein Leben schleicht

Achte auch auf Dich und deine Aktionen!

Was willst du damit erreichen und bist du dir gegenüber auch wirklich klar in deinem Tun.

Wenn ja, ist deine Aktion von Erfolg gekrönt und wenn nicht, musst du unbedingt an dir und deiner Klarheit dir und anderen gegenüber arbeiten.

Schatten integrieren!

Lebe keine falschen Kompromisse und nimm dir die Zeit in dich rein zu spüren, was du wirklich willst.

Du bist ein Meister in schnellen Entscheidungen und flink in der Umsetzung deiner Ziele!

Vertraue dir und deinem Gefühl. Sei echt!!

Auch ist es wichtig sich zu pflegen und aus der "Selbst-Täuschung" rauszugehen.

Alle Zweifel - Unsicherheiten und Trübungen hast du oft unbewusst selbst verursacht und es hat sich dir durch Situationen und Menschen in deinem Leben eigentlich nur gespiegelt.

Jetzt, da du um diese Dinge weißt, bist du wahrlich zum schlauen Fuchs geworden.

Jetzt bist du dir deiner "Be-wusst" und kannst nun klar handeln und dir die Geborgenheit und Sicherheit geben, die du schon immer in dir und mit dir haben wolltest.

Du schlauer FUCHS!!

Affirmation:

Voller Liebe und Klarheit gehe ich in meine vollkommene Echtheit. Jetzt!

Love & Light eure Claire

ANGST

Wenn sich Alles um die Angst vor Gefühlen im inneren und äußeren seines Seins dreht …

Wahrlich sprichwörtlich dreht …

Vor lauter Angst dreht es sich einem Alles im Innen wie im Außen!

Unsicherheit und komische Gefühle in der Magengegend machen sich breit.

Augenscheinlich dreht es einem um die eigene Achse!

Wie ein Schwindel voller Druck auf dem Sprung dem Moment (der Wahrheit) zu entgehen.

Versuche sich selbst sofort wieder in den alten Zustand zurück bringen zu wollen, um die Angst schnell zu unterdrücken, es ist letzten Endes doch so, dass die "Angst" mit uns eigentlich nur unbedingt sprechen möchte.

Was will sie und mitteilen.

Es ist dringend und an der Zeit, mit offenen Augen sich in seine Seele zu blicken.

Die Angst will dich doch nur auf deine **unvermeidbaren Schatten**, deine Verletzungen, eben deine Angst hinweisen.

Es geht um dich und deine tiefen Gefühle - *dein inneres Kind*, dass weint, schreit, voller Wut um sich schlägt und eigentlich nur Geborgenheit - Trost und Heilung erfahren möchte.

Lass Los .. Lass es laufen und folge dem Ruf **"Deiner Angst"** als Geschenk um Licht in deine Schatten zu bringen.

Nun kann *Er-Lösung* vollzogen werden und *deine Seelenanteile* können zu Dir und zu *deinem Lebens-Puzzle zurückkommen und "EINS" werden.*

All-Ein-Sein

ist nun an der Zeit gekommen sich zu komplettieren und mit sich im

Ein-Klang

zu

SEIN!

Was macht dir Sorge und bereitet dir Angst, will einfach nur angesehen - gestreichelt und geheilt werden.

Der Seelenblick in den Spiegel wird dir dies nun ermöglichen und du kannst nun dein ***"verletztes inneres Kind"*** in den Arm nehmen und für dein Kind da sein.

Voller Liebe

Voller Sanftmut

Voller Glückseligkeit

&

*Voller Herzenswärme
und Freude.*

Wiege es den deinen Armen bis es glücklich einschläft und gesund aufwachen kann.

Gebe ihm all das, nach was es sich in diesem Moment sehnt und wenn es ein Lied ist was gesungen werden will oder ein Bild, was es für sich und seine Augen braucht um zu sehen.

Eine warme wohlige kuschelige Decke um sich rundum geborgen zu fühlen!!

Heilung kann nun geschehen und ***Wunder*** werden jetzt wahr! ***Jetzt!***

Jetzt hast du verstanden, dass du die Macht der Heilung in dir trägst und diese auch jederzeit benutzen darfst.

Du bist dein Meister und Schüler zugleich, vergiss das nicht …

Alles geschieht zur richtigen Zeit und am richtigen Ort und gehört zu deinem Lebensplan, die sich deine Seele herbei gesehnt hat um zu lernen, um dann wie der *"Phönix aus der Asche"* mit neuer Kraft - mit neuem prachtvollen Gewand im Neubeginn nun endlich in die hohen Lüfte kraftvoll aufsteigen zu können.

Du bist dein Magier - dein Narr und dein Heiler!

[Tarot: Magier#1 - Narr#0 - Heiler #2 #5 #14 (Hohepriesterin - Hierophant - Mäßigkeit]

Sei dir gewiss, dass du immer von der
schützenden Hand des Göttlichen -
der Engel und den aufgestiegenen
Wesen begleitest sein wirst.

Denn Du hast den *göttlichen Funken in dir* und bist ein *Kind Gottes*.

Lass die Ängste geschehen und nehme
sie als einen Teil von dir auf und
integriere diese als einen gesunden Teil
von dir in deinem Herzen.

Dann können Wunder; tägliche Wunder
geschehen und Alles kommt in den
Fluss deines Lebens zur richtigen Zeit,
am richtigen Ort in der richtigen
Sekunde

ZU DIR!!

Wie in der Liebe … erst traut man sich nicht, seine Gefühle zu zeigen, ist schüchtern und voller Angst, dass der andere einen ablehnen oder sogar belächeln könnte.

Aber wenn man erst mal den Mut aufgenommen und die Angst integriert hat, dann kommt plötzlich *"**Alles in Fluss**"* … die Kommunikation läuft, die Begegnungen werden öfters und sogar schöner als je zuvor.

Und die Begegnungen können sich klären und Du weißt am Ende, was du wirklich in deinem Herzen willst und ob es gut für Dich ist.

Herzheilung geschieht!

Dann kannst du deiner Bestimmung folgen und voller "Liebe & Licht" leben.

Fürchte dich nicht, denn ich bin mit dir; hab keine Angst, denn ich bin dein Gott. Ich helfe dir, ja, ich mache dich stark, ja, ich halte dich mit meiner hilfreichen Rechten. **Jesaja 41**

"Hab keine Angst, ich bin bei Dir"

„All-Ein-Sein"

kann gelernt werden!

WIE?

Durch die Liebe zu sich selbst …

WIE!?

Ich achte mich und ich achte auf mich und gebe mir das, was ich in erster Linie brauche um glücklich zu sein.

WIE?

Ich liebe mich und jeden Tag und frage ich mich, was ich brauche, dass es mir gut geht.

WIE?

Liebe ist!

Ich achte auf meine Gefühle und lausche dem Rhythmus meines Herzschlags.

Horche - lausche und fühle in Dich hinein ... was steigt in dir empor?

WIE?

Indem ich mir immer einige Minuten an Zeit gebe, um herauszufinden was wirklich wichtig ist und ***wer und was*** eine besondere Bedeutung für mich hat.

WIE?

Ich beobachte mein Umfeld und die Menschen die mich in Ihrem Tun umgeben und prägen und frage mich, ob dass das ist, was ich wirklich will.

Was meine Seele braucht!

Was braucht meine Seele um mit sich und dir glücklich zu sein?

WIE?

Ich frage mich und fühle gleichzeitig den Wert der sich mir erschließt, wenn ich an diese Person denke und wie sie mir im inneren und äußeren wirklich erscheint.

Ist diese Person wichtig, es wert mit mir Zeit zu verbringen.

Kann ich wirklich Allein sein?

- All-Ein-Sein –

In mir – mit mir und um mich herum?

WIE???

Ich Liebe mich voller Respekt & Achtsamkeit

<u>Frage dich doch mal:</u>

Was bin ich

und

was möchte ich SEIN ...

"Ich bin" ...

Love & Light & Joy

Der Weg ist das Ziel! Konfuzius*

WIE???

Ich liebe mich

Voller Respekt & Achtsamkeit.

Aus ganzer Kraft

Aus vollem Herzen

Mitgefühl

Für

Meine

Bedürfnisse wie

Im Inneren

sowie

Im Äußeren

Die Eule als spiritueller Wegbegleiter

Die spirituelle EULE für uns gerade jetzt im Oktober ein toller Wegbegleiter in diesen Zeiten des Lichts und der Liebe in 2016 ganz besonders wichtig.

Wichtige Veränderungen warten auf UNS im Kollektiv.

Wir werden darauf hingewiesen, was wirklich wichtig ist und was wir irrtümlich glauben wichtig zu scheinen ist.

Die Eule wird uns jetzt wichtige Botschaften zu teil werden lassen.

Plötzliche Eingebungen - ausgeprägte Wahrnehmungen - Tagträume und viele Traumgeschichten wollen ans Tageslicht gebracht werden.

Deshalb kommt jetzt die Eule als Wegweiser zu uns und verkündet auch

Ihre stille - ausgeglichene Art als Raubtier ganz plötzlich unsere Wahrheit, ob wir das wollen oder nicht spielt hier keine Rolle mehr.

Es ist jetzt einfach so und nicht anders.

Alles was Du in der Vergangenheit in die Wege geleitet hast - ausgesendet und als Interaktion in Energie umgewandelt ausgesendet hast, wird nun ans Licht kommen! Aufsteigen und wirken in voller Kraft und Blüte.

Du als Erschaffer / Meister deiner
Realität wirst nun das Ergebnis deiner
Intensionen ganz klar und deutlich
erhalten - sehen - spüren und leben!!

DU BIST

ICH BIN

<u>So und jetzt .... die Message:</u>

Begegnet sie dir, dann ist es eine

persönliche Botschaft für Dich,

denn die *Eule* spricht immer deine Seele zuerst an.

Die Eule wünscht sich, dass du nochmals in dich gehst und

"deine Schattenseite

zum Leuchten bringst".

Gebe deinem Schatten all das positive Licht im Ausgleich für Dunkelheit!

Bestimmte Aufgaben warten nun nochmals auf Dich und wollen zur Lösung - Er-Lösung gebracht werden.

Du als Lichtbringer - Heiler - Weggefährte - Seelenverwandter - Bruder - Schwester - Frau - Mann - Kind - Eltern ....

Frage Dich, was dies sein kann ...

schon wieder das Gleiche Problem ?

schon wieder der Gleiche Partner nur anders verpackt?

schon wieder Kollegen die mich gängeln und ich wieder an meine Grenzen stoße...,

und wenn schon wieder!!

Die Eule schenkt dir nun die Kraft **den Schleier zu lüften** und in deine wahre Kraft zu gehen; entdecke dein Potential und denke dran ... lass dich von lieben Menschen unterstützen und dir weiter helfen ...

Oftmals sind es Ideen die dir durch Dritte geschenkt werden oder ehrliche Aussagen über deinen verschollenen Schatz in dir.

Sei nun ein aufmerksamer Zuhörer und betrachte dich im Licht voller Größe!

Schöpfe nun aus deinen Gaben und Talenten - mach Platz für NEUES in DIR und sei mutig, dass zu tun was dir wahre Freude bringen möge ...

Affirmation:

Ich nehme meine Kraft und Verantwortung für mich an und schöpfe aus meinen vielen Talenten voller Freude - Glück & Erfolg - JETZT!

 Love & Light eure Claire

Der Weg ist das Ziel! – Konfuzius*

Das Eichhörnchen lässt Dich grüßen!

Das Eichhörnchen zeigt dir mit klarem Blick um die wirkliche Ausrichtung; den Fokus, der dir den Weg aufzeigt.

Mit klarem Blick, unbeirrt sammelt das Eichhörnchen in seiner Umgebung die zukünftigen Früchte auf, um gefestigt den weiteren Weg beschreiten zu können.

Es baut vor, um gut für die Zukunft ausgerichtet zu sein!

Das Eichhörnchen ist ein fleißiger Sammler, der durch Umsicht und guter Kommunikation im miteinander stark ausbaut und sicher seinen Weg ebnet.

Es weiß, was es will und was es dafür tun muss.

WAS?

Spielerisch und voller Leidenschaft mit einem Lächeln fließt es in seiner Bewegung auf und ab und hat immer auch den Blick für das Umfeld und vor allem für das Wesentliche.

Nüsse, die indem wahrsten Sinne geknackt werden wollen, wird durch die spitzen Zähne mit Leichtigkeit entzwei und auch Probleme wie Neid ums Futter werden durch den Einsatz dieser gut gekontert.

Flink – Ressourcen orientiert gelingt es dem Eichhörnchen sein Ziel spielerisch und im Austausch mit anderen zu erreichen.

Ein wahrer Meister der Kommunikation, obgleich durch EINEN PFIFF – QUITSCHEN - raschelt und den großen Augen-Kontakt, gelingt es Ihm dies auf eine besondere Art zu meistern.

Das Eichhörnchen möchte dich aus alten Ängsten und Qualen der Vergangenheit befreiten und dich auf die Leichtigkeit im Spiel voller Freude und Lust hinweisen.

Mach es dem Eichhörnchen gleich und tanze auf deine Art durch die Welt!

Dadurch wirst du neue erfüllende Kräfte in dir kennenlernen und diese für deinen Weg jetzt und Zukunft nutzen!

Die Seele wird durch diesen freudvollen Tanz und durch leichte Kommunikation befreit!

Nichts hält dich mehr auf, deine Nüsse voller Freude im Leben zu sammeln und sie genüsslich mit dir und deiner Wahl-Familie - Freunden und Menschen zu teilen.

Jetzt bist du bereit auf Allen Ebenen Lösungen zu finden und diese umzusetzen.

Voller Bereitschaft und im Vertrauen mit dir und deinen neu erworbenen Fähigkeiten - voller Liebe - voller Leidenschaft - Genuss und Freude.

Öffne deine wundervollen großen Augen und sehe, was dir die Welt zu bieten hat.

Liebe und Freude in vollen Zügen; es ist genug für Alle da!!

Affirmation:

Alles steht im Überfluss für mich bereit.

Ich vertraue und folge mir und meiner Eingebung

Jetzt!!

Herzensliebe

Aus dem Herzen lieben!

Ich liebe Dich sind unglaublich schöne Worte, die da über die Lippen gehen und oft auch in Gedanken gesprochen werden.

Oftmals einfach so daher gesagt und ohne wirkliches Bewusstsein, was das für Dich und deinem Gegenüber bedeutet und an Auswirkung hat.

Eine der höchsten Energieschwingungen für Körper - Geist und Seele!

Eine der höchsten *Heilenergien* überhaupt.

"LIEBE"

Also, warum nicht so oft wie möglich *"Liebe - Ich liebe Dich"* denken & sprechen im Bewusstsein der mächtigsten Worte nebst *"Erfolg"* / *"Reich"* - *Ich bin Erfolg-Reich.*

Liebe ist, heißt es so oft aber was heißt das genau ... ?

Heißt das, ich Liebe dich weil oder weil ich dich *bedingungslos Liebe* **so wie DU bist!!?**

Ich liebe dich mit Allen *"Ecken und Kanten"* bzw. ich kann Dich so stehen lassen auch wenn Du mir auf den Wecker / Zeiger / Nerven gehst. ;-)

Nicht das zu mir sagt, was ich gerade in diesem Moment hören und fühlen will.

DU mich vielleicht unentwegt ignorierst und mir tief in mir drinnen damit weh tust.

Liebe ist, heißt es doch so oft ... aber was heißt das wirklich genau ... ?

Ich Liebe Dich, weil du schön bist und ich mit dir so "herzlich lachen" kann.

Ich Liebe Dich, weil du mir den "Respekt und die Achtsamkeit" gibst, die ich und jeder andere einfach verdienst.

Ich Liebe Dich, weil ich mich mit dir "soooo Verbunden fühle" und Du mir das Gefühl von "Vertrauen & Geborgenheit" gibst.

Weil du mein bester Freund / Freundin Bruder / Schwester, mein Kind bist.

Liebe ist, heißt es doch so oft ... aber was heißt das denn nun ganz genau ... ?

Bin ich den auch wirklich bereit all das, was ich mir von meinem Gegenüber wünsche und oftmals einfordere auch wirklich bereit und mir vollends bewusst, mir dies auch selbst zu gewähren - selbst zu geben, mit all der Liebe und Achtsamkeit / bedingungslosen Liebe mir selbst gegenüber im Sein auch wirklich zulassen!

Ohne Erwartung - ohne Tadel - ohne innere Kritik und ohne Furcht vor Enttäuschung mir selbst gegenüber !?

*Finde das Schöne in deinem Herzen,
auf das du es in jedem Herzen
entdeckst.*

~Rumi

Was heißt eigentlich

"bedingungslos Lieben" ....

Ich vergleiche das oft mit der LIEBE zu meinen Kindern, die egal was Sie tun (ok nicht immer egal) ich Sie trotzdem und überhaupt Liebe und immer wieder die Akzeptanz - Verständnis - Mut - Treue und das Vertrauen aufbringe in Sie und natürlich auch in mich als Mutter / MOM.

Ist es denn nicht ein gegenseitiges *"lernen & erkennen"*, dass uns in unserem Herzen; unserer Liebe weiterbringt und verstehen lässt.

Fließen lassen und zulassen voller Vertrauen - Vergebung mit einer Portion Mut und Bereitschaft immer wieder aufs Neue einen Raum der Zuversicht - Glaube - Frieden und Freiheit Dir und deinem Gegenüber - deinen Liebsten zu gewähren.

Eine tolle Übung, die ich für mich entdeckt habe ist das tägliche Herzöffnen, dass Pflegen des Herzchakras mit einer Hand auf dem Herzen und mit der anderen Hand auf dem Solarplexuschakra tief einzuatmen und die Liebe (rosa - grünes(Herz) und gelbes Licht(Solar / Ego) beim ein- und ausatmen fließen zu lassen. Im Gefühl der Geborgenheit und Liebe zu sich und der Welt.

Einfach fließen lassen. ,

Dann gehe ich hinaus in den Tag und segne Alles und Alle in Liebe!

Ich grüße freundlich und schaffe Begegnungen voller

"Respekt & Achtsamkeit".

Mit freundlichen Gesten gehe ich durch
den Tag und lächle mit einer großen
Portion Humor und meinem / einem
kleinen Schalk im Nacken dem
entgegen, was mir gerade begegnet.

Affirmation:

Ich bin mit Allen Menschen / Wesen
EINS in Gelassenheit und Frieden.

Ich bin Liebe.

Love & Light

eure Claire

Das Pferd als Krafttier!

mit voller Kraft in dein Leben
galoppiert ...

zeigt es dir in erster Linie deine
ureigenste Kraft und Power auf.

KRAFT, die dir eventuell gar nicht
oder gar nicht mehr bewusst scheint!

Aber doch, du besitzt sie bereits von
Geburt an, denn da hast du bereits
deine Stärke & Willen gezeigt und
eingesetzt um durch die
Schwangerschaft und Geburt hindurch
zu ... gehen ... galoppieren ...

Das Pferd als Krafttier zeigt dir deinen Mut - Ausdauer und Ur-Stärke und Ur-Vertrauen auf.

Rückbesinne dich!

Du bist ein starkes Wesen und das Pferd möchte dir deine Pferdestärke zurückgeben und dich nochmals mit all der Tat-Kraft unterstützen.

Du bist Stark - Du bist Einzigartig und Stark wie das Pferd auf diesem Bild.

Ja, das Pferd will dich als Schüler lehre und dir als Meister - dein Meister beggegnen, denn du bist nun wieder an einer weiteren Phase deines persönlichen Wachstums angelangt.

Vertraue auf Dich und deine innere Stärke; Du kannst und schaffst das locker & leicht.

Vertraue auf Dich - dein Tempo und gebe dich in deinen eigenen Energiefluss.

Denn dieser eigene Energiefluss ist dein Markenzeichen

Richtungsweisende und dein Weg!

Jetzt kommt Bewegung in dein Leben und du entscheidest deinen Weg wie auch immer Eigenverantwortlich!!

Vertraue auf Dich und deinen Herzschlag; denn dein Herzschlag zeigt dir das richtige Tempo und den richtigen Rhythmus auf.

Vertraue!!

Affirmation:

Ich Vertraue auf meinen eigenen Herzschlag und Energiefluss und freue mich auf die Abenteuer im Leben.

Love & Light eure Claire

Der Weg ist das Ziel! – Konfuzius*

Praxis für Psychotherapie

Clarissa M. Seite

Heilpraktikerin für
Psychotherapie[HPG]
Suchtberaterin
Mediale Psychologische
Lebensberatung / Kartenlegungen

TAROT / KIPPERKARTEN / ENGEL / KRAFTTIERE
REIKI – Meisterin / Lehrerin

SCHREIBMEDIUM & SPRECHMEDIUM

Erstes Buch:

"Wie werde ich ein Erdenengel" &
auch in Englisch "How to become an Earthangel"

Zweites Buch:

"Ein Erdenengel und seine Geschichten"

Drittes Buch:

„Botschaften eines Erdenengels"

Weltweit als Buch & als Ebook erhältlich!

Audioaufnahmen über YouTube Kanal Clarissa M. Seite:

„Engel der Meere"

„Wenn der WAL in dein Leben schwimmt"

Profilansicht / Person

www.theralupa.de

www.heil-verzeichnis.de

Liebe ist

was ist Liebe ....

Liebe ist …

Herzheilung
Verständnis
Achtsamkeit
Berührung
Balsam
Miteinander
Vergebung
Akzeptanz

HEILUNG♥

Schattenanteile heilen und integrieren

Wut - Trauer - Hass loslassen

Auf ein Neues durchstarten; Neu beginnen - jeden Tag aufs NEUE

Ich nehme den Anderen - das
Gegenüber so an …wie er ist!

Ich bin Achtsam mit meinen Worten -
Gefühlen und meinen persönlichen
Grenzen und Bedürfnissen (Ego).

Durch sanfte Berührung lass ich die
Liebe durch mich und anderen fließen
Im Miteinander finde ich mich und den
anderen wieder.

Durch das verstehen und sein lassen
finde ich Ruhe und Frieden, denn ich
weiß um den Wert der Vergebung!

Affirmation:

Ich liebe - bin liebe und lebe die Liebe
jeden Tag aufs NEUE.
Herzheilung geschieht jetzt!

Liebe ist …

Was es ist
Es ist Unsinn
sagt die Vernunft
Es ist was es ist
sagt die Liebe

Es ist Unglück
sagt die Berechnung

Es ist nichts als Schmerz
sagt die Angst

Es ist aussichtslos
sagt die Einsicht

Es ist was es ist
sagt die Liebe

Es ist lächerlich
sagt der Stolz

Es ist leichtsinnig
sagt die Vorsicht

Es ist unmöglich
sagt die Erfahrung
Es ist was es ist
sagt die Liebe

Erich Fried

Der Kolibri als Herzfrequenz!

Der Kolibri bringt dir die richtige Schwingung zurück … wenn du ..

"Der Kolibri"

will uns über das Jahr und im Leben von heute an unbedingt begleiten!

Herzfrequenz … was ist das … bum - bum - bum - bum

- Balance
- gleicher Takt
- Schwingung
- Energie
- Fluss
- Liebe

Lausche in einer ruhigen Minute den Takt deines Herzen, den es spricht mit dir …

Bist DU im Takt!?

Was sind deine Bedürfnisse - was
wünscht sich dein HERZ…

Nimm dir diese Zeit immer mal wieder
und lege dich an deinem Lieblingsplatz
gemütlich hin und lege deine Hände auf
dein Herz-Chakra!

Lausche deinem Herzen .. dadum - babum - dadum - babum …

Streichle es   ***DEIN HERZ***   und sei
zärtlich in jeder Hinsicht … ob es
Worte sind - Gedanken und erkenne
deine Gefühle die in dir aufsteigen.

ERKENNE

deine Herzensfrequenz!

Dein Herztakt spricht mit Dir und zeigt dir deinen Weg immer wieder gerne.

Lass geschehen und bitte die Engel / Mächte des Universums um Unterstützung und Kraft.

Sie sind bei dir, wenn du es magst und zulässt.

Erzengel Chamuel

&

Erzengel Raphael

Sind immer da und werden dich
begleiten und dir all die

Herzensenergie

schenken, der du gerade bedarfst.

Glaube und es wird geschehen.
Wunder sind allzeit bereit, in dein
Leben mit Licht & Liebe zu wirken.

Glaube daran!

Atme tief ein und aus - ein und aus.

Lausche deiner persönlichen

Herzensfrequenz!

UND, was erzählt Sie dir denn so über
deine Liebe zu dir und deinem Herzen
so ?

LIEBE besteht weiter …

Egal wo die Liebe (seines Lebens) hin geht ...

Es ist schon ein *"großartiges Phänomen mit der Liebe"* und diesem ausgeprägtem starken Gefühl von Liebe im Bauch - Herz und Kopfbereich!

Egal wie oft mein seine Liebe sieht - spürt oder gar spricht, es ist egal wo diese sich gerade aufhält, man denkt und fühlt in diesem Moment trotzdem stark an und über sie.

Oftmals mehrmals am Tag an seine Herzensliebe oder sogar permanent.

Warum ist das so ...

Ist es das Gefühl oder eher das EGO, was haben will!?

Ich denke je nach Alterskategorie beides.

In jungen Jahren ist der Trieb klar stark ausgeprägt; sagt man zumindest und lässt mit den Jahren nach, da man sehr gut mit sich selbst zurechtkommt und nicht diese Bewunderung (wahrscheinliche Egopflege) und oder Bestätigung von Liebe braucht.

Ist das so???

Ist die Liebe und das verbundene Gefühl im Alter weniger oder in jungen Jahren mehr ausgeprägt.

Ist das wirklich so???

Ich glaube, dass das hier in der Liebe als Powerenergie gar keine Rolle spielt und dass nur vermenschlichte Gedanken sind.

LIEBE IST ...

LIEBE IST ... nun mal die höchste Kraft im Universum und berührt jede Art von Wesen egal ob Mensch - Tier - Natur!

Eine starke Energie die über 1000 von Kilometern reicht und das Wesen im innersten berührt durch Gedanken &

Gefühle die da überschwappen und sein
Gegenüber erreichen.

Wie oft liegt man im Bett und der erste
Gedanke am Morgen ist der jennige
welche, der dein Herz so stark berührt,
dass du an ihn denkst.

Voller Liebe - Sehnen - Wünschen -
Hoffen!

Und oft ertappt man sich Tagsüber,
dass wieder der Jenninger Welche in
den Tagesablauf rein funkt und fast
schon (zwar nur in Gedanken) wie als
wäre er physisch anwesend.

Man spürt und riecht und verknüpft
erlebte "Gedanken und Begegnungen"
damit.

Begegnungen der Freude und des
miteinander, egal ob diese nur flüchtig
waren oder sogar einem ein Lächeln
oder im besten Fall ein Gespräch
daraus entstand.

Und wieder ist man so stark im Gefühl
und den Gedanken verbunden!

Wieder voll angedockt an Emotion und
dem ausgeprägten Gefühl von LIEBE!

Egal ob der Jenninger welche dann
Tage oder sogar Wochen nicht gesehen
wird; trotzdem ist man stark verbunden.

*Ein wahrliches
Phänomen, die Liebe
doch ist.*

Ich glaube, dass es wirklich keine Rolle
spielt wie alt und wie viel an
Erfahrungen man in Leben bereits auch
in dieser Hinsicht gemacht hat, wenn
die Liebe einen begegnet und in dein
Leben einkehr hält, dann ist es wie als
erlebe man den zweiten Frühling oder
egal wenn es das erste Mal im Leben so
richtig geschieht ... dann ist es wie ein
Donnerschlag (Oder ein Chor voller
Engel und Geigen mit wundervollem
sanften Gesang); ein Blitz der da
zuschlägt und einen in den Bann
schlägt oder so verzaubert, dass man
sich wie Alice im Wunderland fühlt.

Alles scheint Real und doch unwirklich und insgeheim möchte man dieses Gefühl der Verzauberung nicht wieder her geben.

Deshalb gibt es ja einige Kandidaten unter uns, die über das verliebt sein nicht hinaus kommen oder kommen wollen, denn dieses unglaublich starke Gefühl von gewollt - geliebt und akzeptiert sein wie man ist, ist wie ein Rausch (vielleicht vergleichbar mit einem Drogenrausch oder LSD-Trip ???) der am besten nicht aufhören darf. Die rosa Brille will auf keinen Fall abgesetzt werden.

Und wenn sich dieses Gefühl aber über Jahre trägt und diese starke Verbundenheit weiter ausbaut, dann kommt das ***"Gefühl von Einigkeit"*** wie eine als ob man sich mit seiner Zwillingsseele (Lernaufgaben warten auf dich) verabredet hat (eventuell schon aus einem anderen Leben wieder trifft) oder wie immer so schön die Rede ist "Einem Seelenpartner" ins Gedächtnis und auf den Plan - ***Lebensplan*** ruft.

Ein Seelenpartner, der sich mit dir in diesem Leben verabredet hat, um wieder diese starke Verbundenheit und Liebe (bedingungslose Liebe) leben zu dürfen.

Also egal, was und wann dies geschieht, dass dich dieser Amors - Pfeil trifft, ist es doch eine wundersame & einzigartige Art von Geschehnis.

Wenn und wen die Liebe trifft und diese auch zulässt, kann sich glücklich schätzen, den er dürft den göttlichen Funken auf Erden geschehen - leben und genießen!

Das ist wahrlich der höchste Gewinn eines irdischen Daseins.

Wer diese Gefühle zulässt und somit empfindet hat den Sechser im Lotte gewonnen und kann sich seiner Kraft und Lebens spendende Energie bewusst und sicher sein.

Denn:

Liebe ist HEILUNG

Liebe ist ENERGIE

Liebe ist FREUDE

Liebe ist rein und pur!

Voller erfrischendem Sprudelwasser, das deine Zellen im Körper durch flesht - reinigt und vollkommend erneuert, wenn du es zulässt.

Also, hab keine ANGST diese Kraft zu leben.

Egal, was daraus entsteht und wie es sich entwickelt, letzten Endes dient es immer deinem weiterkommen als liebevolles Wesen und voran schreiten im DA-SEIN.

LIEBE IST

und es ist es immer WERT den Ruf der LIEBE zu folgen!

Steine aus dem WEG zu räumen und seinem Glück entgegen zu laufen, so schnell du kannst.

Alles andere ist nur ein Konstrukt aus Gedanken - Ängsten - Wenn dann oder was passiert wenn!

Du bist dein Glückes Schmied und hast deine Lebenszügel in der Hand.

Mach dir das immer wieder bewusst und Folge dem Ruf deines Herzens.

Denn die Liebe ist was ganz was einzigartiges und wundervolles!!

Wenn man so will, das Geschenk des Lebens überhaupt!

Denn, was wäre das geschenkte Leben ohne Liebe ....

Wie:

ÖDE

- **einsam**

- **langweilig**

- **stumpfsinnig**

- **leer**

- **wertlos!?**

Ich verbinde dieses einzigartige Gefühl auch mit der Geburt eines Kindes und die verbundene Liebe zu ihm.

"Einzigartig"

Affirmation:

Ich bin Liebe und folge dem Ruf meines Herzens.

Bedingungslose Liebe ... was ist das eigentlich!?

Was ist das und vor allem Wie ... lebt sich bedingungslose Liebe eigentlich!?

Wie so oft höre ich und lese über die bedingungslose Liebe ...

Was & Wie ist bzw. geht das eigentlich von statten!?

Keine Ahnung?

JA, ich auch nicht wirklich immer aber durch das Leben und das Leben von "Geist und Seele" übe ich mich täglich im Verbinden mit der Urkraft "Liebe"!

Keine einfache Sache, da ja das bekanntliche **EGO** und unsere schnelllebige Zeit des Konsums uns auch oft selbst aus den Fugen geraten lässt.

Wir uns oft nicht auf das Wesentliche konzentrieren und *vergessen zu lieben* und die *wertvollen Menschen um uns herum ausblenden* und dies fast schon vergessen vor lauter Arbeit - Terminen - Zeitdruck und vielem mehr.

"Bedingungslose Liebe"

Was ist das …..

Da muss ich immer an mein **Kind Frank** denken …

An meine Eltern trotz schwierigen Zeiten …

An meine Geschwister, die mich und ich sie oft an den Rand der Verzweiflung gebracht habe ;-) oder ich Sie!!

An die guten Freunde …

Da kommt dann schon das Gefühl von
"Bedingungslose Liebe" auf.

Geprägt von Verständnis - Nachsicht -

"OK, keine Zeit, dann halt ein anderes
Mal …. "

ICH

Ich liebe meinen Sohn trotz seiner
Verbimmeltheit ;-)

Ich liebe Ihn bedingungslos, so wie er
ist auch wenn mir das eine oder andere
von meiner Lebenseinstellung nicht
immer unbedingt in den Kopf des
Verständnisses gehen will ;-)

Auch wenn er seinen Weg und gerade
weil es wichtig ist seinen Weg zu gehen
lasse ich los … und glaubt mir, dass
fällt auch nicht immer wirklich einfach!

"Man will ja nur das Beste" für die Kinder …. gell ;-)

Ich liebe mein Kind so wie es ist und so ist es perfekt, von der ersten Sekunde an… (Geburt)

Was für eine Liebe!!

Bedingungslos!!

Sind wir UNS ehrlich gegenüber, dass ändert sich schon und gerade in zwischenmenschlichen Beziehungen oftmals nach ein paar Jahren der Unterhaltung - Spaß und Fun-Situationen …

Von ein wenig bis gravierend … manchmal stillschweigend bis lautstark!

Auch Freundschaften - Kollegschaften
und gerade unsere Partnerschaften

(Be-zieh-ungen) werden durch unser
und das Verhalten des

gegenüberliegenden Parts oft bis hin
auf die **"Zerreiß-Probe"** gestellt.

Schon wieder keine Zeit?

Werde ich wirklich geliebt?

Weiß mein Gegenüber / Partner mich
wirklich zu schätzen?

Alles läuft so da hin?

Die Gewohnheit lässt die Dinge einfach
so dahinplätschern?

Warum sagt Er / Sie mir nicht mehr, dass ich geliebt werde?

Wo sind die Komplimente geblieben?

Warum werde ich nicht mit Achtsamkeit und Wertschätzung behandelt?

Wir unternehmen nichts mehr zusammen?

Mir ist so langweilig mit …. (mir und meinem Partner)

Keine Spannung mehr?

Wo sind die kleinen "Gesten und Überraschungen" geblieben?

Aufmerksamkeiten?

Mich nervt seine / Ihre Art?

Alles so ernst?

Keine Rücksichtnahme?

... und jetzt wird es interessant!!

Raus aus dem Alltagsgeschehen - immer wieder mal und wenn auch nur für Minuten ….

Was ist eigentlich mit Dir … los!?

Wo ist Dein Selbst-Wert

Was willst DU wirklich!?

Wer bist DU und was willst DU SEIN!?

hast du dich dass schon überhaupt mal gefragt?!

Ego spricht:

Ja, ich bin wie ich bin und wenn das nicht passt, dann kann ich auch nicht helfen ….

Dann sind WIR schon ZWEI ;-)

Spaß beiseite oder grad jetzt wird es spaßig mit mir und gemeinsam in die "Schatten und Abgründe" (Licht und Schatten gehören zusammen wie Ying und Yang) von Sich und den Anderen (Spiegel) sehen und erkunden zu dürfen durch:

Offenheit

Ehrlichkeit

Miteinander

Frage und Antworten

Echtem Dialog

Klar Sein

Direkt mich sich im Kontakt

Gefühle ausdrücken (rausdrücken)

Nur Mut!!!

Mut zur Wahrheit (keine Angst vor Verletzungen), denn letzten Endes hast Du den persönlichen Schatz gehoben und gewonnen.

Dich gewonnen!!

Gut wäre es hierbei zwei Regeln zu beachten, im echten Dialog mit Sich und dem Gegenüber

Wie möchte ich behandelt werden

UND

Im Ausdruck (Wunschäußerung) bei sich bleiben

WIE:

"Ich wünsche mir mehr Zeit mit dir durch gezielte Tage und Unternehmungen"

"Ich würde mich freuen, wenn wir am Wochenende länger im Bett bleiben um zu kuscheln"

"Ich würde mich freuen, wenn wir uns Zeit zum Gespräch nehmen würden"

ODER

Lass uns mal wieder ins Kino gehen, was hälst du davon …

Wie wäre ein Dinner for Two …. ich bestell uns was …

Hast du Lust auf …. oder was wünscht du dir …. von mir!

Ich mag es, wenn Du mich anlächelst

Ich mag es, wenn Du für mich da bist

Ich mag es, wenn Du mich so streichelst

Ich mag es, wenn Du mit mir quatschst oder quatsch machst …

und und und … und schreib es mal auf was Du magst.

An Dir und deinen Begegnungen ….

ZEHN BEISPIELE BITTE!!!

JETZT ersetze das Mag in das Wort LIEBE!

UND, wie fühlt sich das für Dich an!?

Bedingungslose - Liebe

Ich wünsche dir viel Spaß -
Achtsamkeit - Selbst-Wert - Respekt
und vieles mehr mit Dir und deinen
Lieben.

*Fang zuerst bei Dir an und strahle
deine bedingungslose Liebe aus!*

*Üben - Üben -Üben und die
Spiegelresonanz wird einsetzen!!*

*Wage den Blick in deinen
persönlichen Spiegel und erkenne
DICH!!!*

(„Botschaften eines Erdenengels"
Auszug aus meinem dritten Buch)

DUALSEELEN

Sich im anderen endlich wiederfinden!

In Liebe - Akzeptanz - Respekt und Wertschätzung nun vereint

Dualseelen♥

gehen Ihren Weg getrennt, um irgendwann in einem Leben sich wieder mit all Ihren Erfahrungen zu vereinen und die Licht & Schatten-Seiten des Gegenüber wieder mit sich und dem sich gegenüberstehenden Partner in der Dualseele zum Wir zu vereinen.

Das ist nicht immer einfach aber sehr lohnend, da diese Seelen ja schon vorher Eins waren und sich in Ihren getrennt voneinander gesammelten Erfahrungen nun wieder vereinen dürfen!

Manchmal als Familienmitglied und auch oft als Partner♥

*Weiter voran auf einer neuen Ebene
des SEINS im miteinander und das
nicht nur seelisch sondern gerade
auch körperlich in voller werdender
Symbiose der Verschmelzung...*

Spiegelung pur, dass was Du bereits in dir trägst und im anderen aber vorerst nur wahr nehmen kannst, darf jetzt realisiert und integriert werden!

IN DIR♥

Kein einfacher aber sehr lohnender Weg "bedingungsloser Liebe" mit sich und dem Seelenpartner; einst als Dualseele verloren geglaubt♥

„Botschaften eines Erdenengels"

Auszug aus dem dritten Buch

Seelenliebe!

Was ist eigentlich Seelenliebe!

Wir Alle leben in gewissen Seelenfamilien ... das kann auch die Herkunftsfamilie sein.

Im späteren Verlauf des Lebens oder wann auch immer finden wir oftmals Ersatzfamilien in denen wir uns sehr wohl fühlen und / oder durch das begegnen besser kennen lernen dürfen!

Durch diese Begegnungen, egal ob "Herkunftsfamilie oder sogenannte Wahlfamilien" (Ersatzfamilie durch Beruf - Hobby - Verein - Gruppen - Glauben) finden wir ein neues und abermals besonderes Miteinander!

Wir werden geführt und begleitet auf unseren Weg ... Lebensweg der Erkenntnis!

Seelengefährten, die uns einen wahren Schatz an Erkenntnis

spenden und uns den Spiegel reichen.

Jetzt dürfen wir in diesen Spiegel hineinschauen und erkennen.

"Erkenne dich Selbst - & - Alles in Maßen"

(Die Weisen - Innschrift aus Delphi / Apollotempel_Griechenland)

https://de.wikipedia.org/wiki/Gnothi seauton

Die Chance sich selbst zu er-kennen und so zu lieben wie DU bist ...

Gestern war ich zu Fuß auf den Weg nach Andechs; nach einem einstündigen Aufstieg zur Kirche empor angelangt.

Eine tolle Art wieder (immer wieder) zwar kurzweilig aber immerhin in sich zu kehren - Im wahrsten Sinne bei sich zu kehren und sich zu reinigen - Kontemplation pur!

(Wie schon so oft in der wunderbaren Kirche voller Blut - Scham - Opfer und Vergebung / sog. Christentum der Katholischen Kirche)

Ein bayerischer Pfarrer hielt zur Pilgerzeit im Mai eine tolle Andacht und wurde durch Harfe - Zitter - Hackbrett und Kirchenorgel wunderbar begleitet.

Kurz nach dem Eingang rechts oben das wundervolle Bild in Stein gemalt:

!Ein Engel mit Schwert in der rechten Hand; in der linken die Waagschaale der Gerechtigkeit … eine Seele (Mensch) hält den Spiegel in der Hand und wagt noch nicht so ganz den Blick in den Spiegel …. eine Schlage umschlingt den Stil (Halterung) des Spiegels und züngelt; bereit zum Biss!

Interpretation meinerseits:

Erzengel Michael (Schutzengel - Beschützer in Not und in Allen Religionen.**Erzengel Raphael als Heiler** und **Erzengel Metatron**, der einen **Thron neben Gott einnimmt**) bereit den Befreiungsschlag auszuüben und die Schale der Gerechtigkeit in Einklang zu bringen, wenn nur DU liebe Seele bereit bist dich in diesen Spiegel der Erkenntnis anzuschauen … Wage (Waage) den Blick der Innenschau und schaue dir in die Augen - Erkenne dich selbst und liebe und vergebe dir und Allen anderen auch … und auch wenn es schwer fällt und die Schlange der Verführung und der Erkenntnis dich manchmal noch beißen wird, ist es jedoch gewiss, dass durch das Gift der Schlange "Heilung" (Erzengel Raphael) in deiner Seele einkehr hält - und ganz gewiss halten wird!!

Sei dir gewiss!

Metatron:

Der mächtigste Erzengel überhaupt!

Schöpferischer Geist gepaart mit göttlicher Energie ist er ein Lehrer und Beschützer gleichermaßen jener

Kinder im Paradies, die früh gestorben sind!!

Die Engel und vor allem Erzengel Michael und Erzengel Raphael werden bei Dir sein auf deinem Seelenweg, der Weg der Kontemplation, der Weg der Heilung.

Love & Light eure Clarissa

www.theralupa.de

www.heil-verzeichnis.de

Clarissa.Lichtweg@gmx.de

https://www.facebook.com/Clarissa.lichtweg

"Geschichten eines Erdenengel"

Auszug aus dem zweiten Buch

Wenn die Seele liebt!

Seelenliebe - Dualliebe - Seelenpartnerschaft…

Sich stark verbunden fühlen und sich dadurch immer näher kommen!

Du lernst einen Menschen kennen und denkst "Oh Gott" … na das wird was werden …

Spannung, die sich über Jahre aufbaut … in der Arbeit … egal wo … und vor allem sich in deinem Bewusst-Sein ausbreitet!

Immer mehr… immer mehr … mehr….

Phasen von Verdrängung findet statt … Zeiten der Verunsicherung … und dann wieder das Herz, dass zu Dir und deiner Seele spricht … über deine Gefühle - Körperreaktionen (rot werden - in Wallung geraten)

Auf und Ab …

Sprachlos - loslassen - Neu kreieren - Reflektion findet statt:

Bestehende Partnerschaften geraten ins Wanken ... WARUM:

Zeit altes loszulassen ... alte Geschichten - Muster loslassen!!

Trotz Distanz lieben, in der Seele die Liebe spüren und den Drang von Nähe - sich nahe kommen - ganz tief in sich drinnen erspüren.

"TRÄUMEN" ... den Seelenpartner im Traum begegnen ... die Hand halten.

...reden, halten - sich im Arm halten ... zart - schüchtern, fast schon verlegen ... in die Augen schauen und die Seele sprechen lassen.

Das "Bewusst-Sein" und Tun sich in Liebe verbunden zu fühlen....

Was mag nun kommen - was ist vorbestimmt - Schicksal ... **LIEBE IST!**

"Verbundenheit"

"Nähe"

"Liebe"

Ein neues Mit-Einander entsteht aus dem Weg der Erforschung…

Tief in dir drinnen weißt du was ist!!

DU - DU, mein Seelenpartner …

Ich liebe Dich aus ganzem Herzen und wusste es schon seit dem ersten Funken der entstand aus "Oh Gott" …

Jetzt können sich die alten Geschichten - Verbindungen (Zweckverbindungen) auf-LÖSEN…voller Liebe & Respekt auflösen.

Das Alte ist nun vorbei - Vergangenheit

Das Neue ist nun schon da, um sich vollkommen zu ent-falten …Entfaltung!

Wie ein bunter Vogel!!

(Phönix aus der Asche - Geburt eines Schmetterlings)!

Liebe ist die Antwort

Segnen, was ist – was geht und was kommt!

Kommen mag.

"Das Beste für Alle beteiligten"

In Streitsituationen und Situationen der Klärung immer das Beste für Alle Beteiligten wünschen.

Ich segne euch voller Liebe - Vergebung und voller Liebe zugleich.

Ich bin!

Ich erschaffe liebevolle Dialoge auch wenn es zu Beginn schwierig erscheint.

Ich schaffe eine Brücke zwischen mir und dir auch wenn wir getrennte Wege gehen …

Wer weiß, wo UNS das noch liebevoll hinführt.

Was bedeutet es wirklich wie "Phönix aus der Asche" aufzusteigen.

Warum begegnet dir dieses Krafttier und was will es dir mitteilen!?

In der Mythologie wird der **Phönix** als ein Vogel mit sehr alter Herkunft (Die Griechen bezeichneten Ihn als Vogel mit einer Lebensdauer von 30000 Jahren; später n. Ch. wurde er neu definiert und mit mindestens 500 Jahre alt werden beschrieben ...)

Oft wird er als ein sehr weißes Wesen mit einer großen "Macht und Gabe" beschrieben ... "ein Fabelwesen" unserer vergangenen Zeit; bereit NEU ins Bewusstsein (wie das Einhorn) aufgenommen zu werden.

In Filmen wie:

"Harry Potter" wurde bildlich wirklich gut geschrieben und gezeigt, wie der Phönix verbrennt und "Alles Alte" mit sich nimmt, um wieder aus der Asche aufzusteigen, wie eine Neugeburt - **Neu geboren** - Neu gestaltet - sogar noch "Macht und Kraftvoller" Weißer als bisher!

Nun, wenn uns der Phönix begegnet; was will uns dieses Wesen mitteilen, uns mitgeben?

NUN:

Was habe ich eventuell hinter mir gelassen oder bin im Begriff es hinter mir zu lassen ....

Altes aufgelöst, um Neues zu kreieren und gleichermaßen "Neu" zu leben ...

Was kann ich jetzt "NEU" leben und durch Altes - zerstörtes besser integrieren und leben.

Gedankenkraft walten lassen

Wie schaut das aus...

Oft ist es so, nach einer Krankheitsphase in ein neues Bewusstsein gehen zu können. Vielleicht ist einem das erst mal gar nicht so bewusst.

Ereignisse zwingen uns in die Knie und lassen unser Lebenskonstrukt neu überdenken.

"Was ist falsch gelaufen - was habe ich falsch gemacht" und warum ist es letztendlich so gekommen, wie es nun ist!?

<u>Phönix als Krafttier:</u>

Sterben

Wandlung

Auferstehung

Neugeburt!

Erscheint der Dir, stehst du definitiv am Wendepunkt deines Lebens. Altes muss nun gehen. Segnen – Verabschieden – loslassen!

Das was bleibt wird in Wahrheit (Wahrhaftigkeit) in Liebe und Frieden mit sich im Einklang gelebt. Der Schmerz wird dich zu deiner Wahrheit führen und ganz befreien.

Nun bist du FREI!

„Ich bin frei – glücklich – und mein eigener wundervoller Schöpfer".

(„Geschichten eines Erdenengels" Auszug aus meinem zweiten Buch)

Impressum

Personendaten

Vorname Clarissa M.

Nachname Seite

Firmennamen Praxis für Psychotherapie - mediale psychologische Lebensberatung

Geburtstag 19. August 1969

Sternzeichen Löwe

Geschlecht Weiblich

Familienstand Verheiratet

Kontaktdaten

Strasse Winibaldstr. 14

PLZ 82515

Ort Wolfratshausen

Land Deutschland

Webseite http://www.theralupa.de / **www.heil-verzeichnis.de**

Persönliches

Über mich:

Clarissa M. Seite

Praxis für Psychotherapie nach dem HPG

Mediale psychologische Lebens-Beratung

Psychologische Beratung und Kartenlegungen auf Wunsch am Telefon

Erstkontakt: 01525 - 654 99 30

www.theralupa.de

www.heil-verzeichnis.de

BLOG: CLARISSASEITE.TUMBLR.COM

SUCHT-Beraterin (auf der Suche **zum Ich)**

& REIKI- Meisterin / Lehrerin

Mädchenname: Zickler

Geboren am: 19.08.1969 / Bad Neustadt a. d. Saale

Schulbildung:

Qualifizierenden Hauptschulabschluss – High - School in Louisiana - Realschulabschluss - Universität Tech in Louisiana / Ein Semester in Mathe - Geschichte und Englisch

Lehrberufe:

Verkäuferin - Einzelhandelskauffrau - Versicherungsfachfrau - Heilpraktikerin für Psychotherapie - Suchtberaterin - Reikimeisterin / Lehrerin

Aufgewachsen in Speichersdorf bei Bayreuth bis zum 18 Lebensjahr

Nach Heirat in die U.S.A / Louisiana bis zum 21 Lebensjahr

Zurück nach Deutschland / Bayreuth für ein Jahr - München vier Jahre –

Bayreuth 16 Jahre - und schließlich wieder nach München / Wolfratshausen bis zum heutigen Tag.

Mein spiritueller Weg

... hat mit den Engel begonnen, die ich schon seit meiner Kindheit sehr bewundert habe und meine Oma mütterlicher Seite hat immer sehr viel zu den Engel gebetet, dass fand ich für mich sehr prägend.

Die Engel, meine tiefe Freundschaft - Verbundenheit und Liebe!

Die Engelsbilder von meiner Oma und meinem Opa hängen heute nun neben vielen anderen Engeln im Wohnzimmer und meiner Wohnung verteilt.

Als ich mir 1992 mein erstes Kartenset / Tarot von Miki Krefting aus München kaufte ging es mit vielen Stunden - Nächten um die Ohren schlagen und Beratungen für Freunde los in Richtung Spiritueller - Medialer und guter Intuition ans Eingemachte!

Mehr und mehr interessierte ich mich für diese umfangreichen Themen wie den Glauben an Gott den Engeln - Glaubensrichtungen der Welt - Interpretationen des Tarots in verschiedenen Auslegungen und Ausführungen von White Raider zu Crowley, der Nummerologie (Dan Millman) der Traumdeutung (C. Jung) Kastl – Kant – Frankl – Freud und vieles mehr dazu.

Kartensets wie Selbstheilung von Chuck Spezzano - Göttinenzyklus - Engel von Diana Cooper - Doreen Virtue - & und dem tollen Kartenset von Pia Schneider und Ruth Kendell – **Krafttiere** von Jeanne Ruland & Murat Karacay – **Maria Magdalena** von Jeanne Ruland & Marion Hellwig - **Spirituelles Geldbewusstsein** von Thorsten Weiss und und und runden mein Profil ab.

Kinesiologie und TCM-Medizin - Kräuterkunde - Homöopathie und die universelle Energie; erst durch die drei Reikigrade und dem Lehrer wurden diese intensiv in meinem Leben seit der Geburt meines Sohnes Frank 1997 integriert und schließlich auch privat an mir und meiner Familie - Freundeskreis und interessierten Menschen praktiziert!

2008 kam dann, nach Jahrzehnten an "üben und lernen" im Spirituellen

Bereich der Beginn mit der Ausbildung zum Heilpraktikerin zur Psychotherapeutin (Gesprächstherapie nach Rogers - Psychoanalyse nach Freud) und last but least

2009 die Ausbildung zur Suchtberaterin,

2010 die Gründung der Praxis für Privatklienten und psychologische - mediale Lebensberatung am Telefon!

2014 schrieb ich mein erstes Skript "Wie werde ich ein Erdenengel"

2015

Blog: ClarissaSeite.Tumbler.Com

2015 & 2016 Buch & ebook

„Wie werde ich ein Erdenengel

„Ein Erdenengel und seine Geschichten"

„Botschaften eines Erdenengels"

Seit 25 Jahren; seit Beginn meines ersten Kartendecks im Tarot kamen viele andere Kartendecks dazu und durch das tägliche ausüben und studieren von Fachliteratur in unterschiedlichen Bereichen hinsichtlich meiner medialen Fähigkeiten wird es immer mehr und das „Tun" immer intensiver und klarer in der Ausübung!

Üben – Üben – Üben

Lernen – Lernen – Lernen

Sein – Werden – Sein

Vereinszugehörigkeit wie:

Dachverband Geistiges Heilen

(DGH)

Verband freier Psychotherapeuten, Heilpraktiker für Psychotherapie und Psychologischer Berater e.V.

(VFP)

<u>Mein Leitmotiv ist:</u>

Lehrer und Schüler zugleich ;-)

Immer und immer wieder ...

auf dem Weg der sog. Meisterschaft (TOD) um wieder und Neu Wiedergeboren zu werden (Phönix aus der Asche)

Anbieter-Impressum

Umsatzsteuer-ID-Nr 82 096 358 479

Handelsregister-Nr. / Steuer-Nr. / ggfls. Geschäftsführer

Praxis - Clarissa Mathilda Seite - Heilpraktikerin für Psychotherapie[HPG] - WOR

Steuernummer – Finanzamt Wolfratshausen – 169/258/90344 – **IdNr. 82 096 358 479**

Bankverbindung – Sparda Bank Nürnberg – BLZ 760 90 500 – Kontonummer 442 50 59

[Gemäß § 4 Nr. 14 Buchst. a UStG sind Heilbehandlungen im Bereich der Humanmedizin umsatzsteuerfrei. Dazu zählen auch die Leistungen der Heilpraktiker].

Ich wünsche Dir - Dir und Dir

Lieber Leser, eine wohltuende Öffnung zu Dir und zu deiner liebevollen Natur als

„Erden-Engel"

In diesen schnelllebigen Zeiten der Jagd nach Anerkennung – Profit und Erfolgsstreben kann dies eine neue Qualität an Erleben und einer eventuellen Konzentrierung aufs Wesentliche und zukünftiger „EntSchleunigung" bewirken!

<u>Ein Dankeschön an:</u>

Meine Eltern; einzigartig in Ihrer Art

Meine Geschwister, die mich in meinem Dasein begleitet und geformt haben

Willi, mein bester Freund und Lebensbegleiter, der mich jetzt sehr in meinem Tun unterstützt

I Love You All!

Meine langjährigen Freundinnen:

Anette   Rhön

Gitti   Bayreuth

Bea   Schweiz

Andrea Dachau

Meinen Sohn Frank, der mir oft den Spiegel vor Augen hält! ;-)

Buchcover von Sohn Frank am Starnberger See (Bayern) im Juni 2016 fotografiert.

Dieses Büchlein dient als ein kleiner Wegbegleiter „täglicher Inspiration" und als Möglichkeit einer neuen Sichtweise in der Lebensführung.

Es ersetzt weder den Rat durch einen Arzt deiner Wahl, noch dient es als Ersatz für medizinische Behandlungen von physischen und psychischen Erkrankungen aller Art!

Wenn werdende Mutter (schwanger) ist oder sich krank fühlt oder krank ist, konsultieren Sie <u>immer zuerst einen Arzt Ihrer Wahl!</u>

Und denk bitte dran …

Du – Du und Du – SIE –Er – Es

trägst die Verantwortung für

Dich und dein Leben!

<u>Haftungsausschluss: Autor & Verlag</u>

Inhaltsverzeichnis:

- *Neue Liebe*
- *Der Fuchs als Krafttier*
- *All-Ein-Sein*
- *Liebe ist*
- *Die Eule als spiritueller Wegbegleiter*
- *Das Eichhörnchen lässt dich grüßen*
- *Herzensliebe*
- *Das Pferd als Krafttier*

Inhaltsverzeichnis:

- *Liebe ist wunderbar*
- *Der Kolibri als Herzfrequenz*
- *Bedingungslose Liebe*2*
- *Dualseelen*2*
- *Seelenliebe*3*
- *Wenn die Seele liebt*3*

*2*Auszug aus dem zweiten Buch:*

„Geschichten eines Erdenengels"

*3*Auszug aus dem dritten Buch*

„Botschaften eines Erdenengels"

Dein Weg!

Egal, welchen Weg du gehst und was er dir abverlangt – es ist dein persönlicher WEG(Jakobsweg)!

Gehe ihn mutig, achtsam und in der Liebe aus deinem Herzen.

LIEBE IST

Unendlich

**Und immer Wert, sich für den
Ruf des Herzens zu entscheiden!**

*Dein Zuhause ist immer
dort, wo dein Herz ist.*

**Die Besten Dinge im Leben sind nicht
die, die man für Geld bekommt.**

Albert Einstein

**Was wir auch in dieser Welt erlangen
mögen, ist doch die Liebe das höchste
Glück.**

Philipp Otto Runge

<u>Liebe ist frei von Abhängigkeiten!</u>

Licht und Schatten!

Man muss durch die Nacht wandern, wenn man die Morgenröte sehen will.

Khalil Gibran

<u>Ich schicke dir den Engel der Liebe</u>

Erzengel Chamuel und Raphael werden dich gerne auf deinen WEG der LIEBE & der HEILUNG begleiten.

Bitte und bete für all das und es wird geschehe!

<u>Bitte immer wünschen:</u>

„Das Beste für Alle beteiligten"

Herstellung und Verlag:
BoD - Books on Demand, Norderstedt
ISBN 978-3-7412-9251-4